সাক্ষী ছিল রাঙা পলাশ

দীপু রায়

গ্রাম: উত্তর রাঙ্গালীবাজনা , পোস্ট: রাঙ্গালীবাজনা, জেলা: আলিপুরদুয়ার
পশ্চিম বঙ্গ, ভারত। পিন- ৭৩৫২১৩

Shakshi Chhilo Ranga Polash

A selected collection of bengali poems

by ***Dipu Ray***

Poetry that echoes the many shades of life.

ISBN: 9798900231389 (Paper Back)

ISBN: 9798900231396 (Hard Cover)

প্রকাশক: কনিকা রায় (স্ব-প্রকাশিত কাব্য গ্রন্থ) ।

রাঙ্গালীবাজনা, আলিপুরদুয়ার, পশ্চিম বঙ্গ, ভারত: ৭৩৫২১৩

প্রথম প্রকাশ: মহালয়া, ১৪৩২ (ইংরেজি ২০২৫)

প্রচ্ছদ : দীপু রায়

বর্ণ সংস্থাপন ও অলঙ্করণ : দীপু রায়

পরিবেশনায়:

নোশন প্রেস পাবলিশিং

নং–৫০, চেট্টিয়ার আগারাম মেইন রোড, ভানাগারাম,

চেন্নাই, তামিলনাড়ু – ৬০০০৯৫, publish@notionpress.com

বিনিময় মূল্য : পেপার ব্যাক ₹২০০/-, হার্ড কভার ₹৩২০/-

আমার **মা**-কে, যার স্নেহ, ভালোবাসা, অনুশাসন

আমাকে আজও অনুপ্রেরণা জোগায়।

আমার **প্রিয়তমা**, আমার **স্ত্রী**-কে ,

যার সাহচর্য, সহমর্মিতা আর সহযোগিতা

আমাকে শত প্রতিকূলতার বিরুদ্ধে আগলে রেখেছে।

আর আমার সম বয়স্ক ও সম মনস্ক

সেই সব **যুবক-যুবতীদেরকে**,

যারা নানা প্রতিকূলতার বিরুদ্ধে

দাঁতে দাঁত চেপে লড়াই চালিয়ে যাচ্ছে।

কিছু কথা

প্রথমত আমি নিজেকে লেখক/কবি/সাহিত্যিক বলার মত ধৃষ্টতা দেখাতে চাই না। দ্বিতীয়ত **'সাক্ষী ছিল রাঙা পলাশ'** এর দুই মলাটের ভেতরে যে লেখা গুলো আছে - সেগুলো নিতান্তই সহজ সরল মনোভাবনা আর মনোবেদনার স্বত্ব স্ফূর্ত বাঙময় প্রকাশ মাত্র। এখন বিশ্ব সাহিত্যেও চলছে আধুনিক যুগ। এখন লব্ধ প্রতিষ্ঠিত ও সুলেখক গণ উচ্চ মানের শব্দচয়নে, শব্দ গঠনে ও শব্দ গ্রথনে অনেক উচ্চ মানের সাহিত্য রচনা করেন। কেননা এখন পাঠক শুধু পাঠক নন। তাঁরা সাহিত্যের সমঝদার, মননশীল পাঠক। আর হ্যাঁ বলতে দ্বিধা নেই ঠিক এই জায়গাটিতেই আমি রয়ে গেছি সেকেলে। খুব সহজ সরল আর সহজলভ্য, সহজপাচ্য শব্দ চয়নে কলম চালিয়ে গেছি এবং কলম চালিয়ে যাচ্ছি প্রতি নিয়ত ।

'সাক্ষী ছিল রাঙা পলাশ' আমার প্রথম স্ব-প্রকাশিত কাব্য গ্রন্থ। আমি নিজেই এই কাব্যগ্রন্থের কবি, সম্পাদক এবং প্রচ্ছদ শিল্পী । বর্ণ সংস্থাপন ও অলঙ্করণ আমি একাই নিজের হাতে সামলেছি। আমার দীর্ঘ এক দশকেরও অধিক সময়ের একান্ত নিভৃত চিন্তন ও যাপনের বাঙময় প্রকাশ হল এই কাব্যগ্রন্থ।

পরিশেষে একটা কথাই বলতে চাই – আপনি আমার এই সহজ সরল লেখা গুলোকে সহজ সরল দৃষ্টি ভঙ্গিতে হৃদয় দিয়ে অনুভব করার চেষ্টা করুন, কথা দিচ্ছি – আপনার আঁখি সিক্ত হবে, হৃদয় হবে আর্দ্র। আপনি আপনার হৃদয়ের অনুভবে হারিয়ে যাবেন একটা প্যারালাল ইউনিভার্সে। যেখানে আপনি আপনার অজান্তেই কখনও ব্যথিত হবেন, কখনও অনুপ্রাণিত হবেন আর কখনও হয়ে উঠবেন একজন রোমান্টিক প্রেমিক। তাইতো মহান দার্শনিক প্লেটো বলে গিয়েছেন –

"Every man is a poet when he is in love."

আসুন আপনার সেই হৃদয় বৃত্তির
সাক্ষী থাকুক রাঙা পলাশ
শুভেচ্ছান্তে
দীপু রায়

মহালয়া, ১৪৩২

বিষয় সূচি

সাক্ষী ছিল রাঙা পলাশ

কিছু ভুল কিছু ঠিক

নিখাদ সোনার গহনা যেমন গড়া যায়না;
তেমনি নিখুঁত সবাই হতে পারি কই...

কিছুটা ভুলোমনা, খানিকটা আগোছালো,
অনেকটা আনমনা আর অল্প টুকু পরিপাটি
দিব্যি চলনসই...

ছোটো ছোটো ভুল গুলোও
সূচ হয়ে ঢুকে ফাল হয়ে বেরোতে চাইলেও
সামলে নিতে হয়, সামলে নিতে জানতে হয়...

কিছুটা আকারে-ইঙ্গিতে আর খানিকটা স্পষ্টবাদিতায়
পটুত্ব অর্জন করিনি এখনও, আমিও শিক্ষানবিশ আজও...
বুক চাপড়ে বলো দেখি - "আই অ্যাম পারফেক্ট" পারো কি না...!!!

অনেকটা হেয়ালি আর ধাঁধা ছড়ালাম,

নিকটাত্মীয় আর কাছের বন্ধু না হলেও
আমরা সবাই তো অন্তরঙ্গ বন্ধু হতেই পারি...
তাই নয় কী...???
ভালো থেকো বন্ধুরা, নববর্ষ শুভ হোক...।

—— *(জানুয়ারি ৭, ২০২২)*

অনেক গল্প লুকিয়ে আছে

অনেক গল্প লুকিয়ে আছে ব্যর্থতার আড়ালেও,
দার্শনিক তো দুম করে বলেই ফেল্লে -
'সাফল্যের নেই ব্যাক্ষা ব্যর্থতার নেই অজুহাত'
কিন্তু কেউ খোঁজ করেছ?
পড়া ফেলে সেজেছিল শ্রমিক, কলম চালানো অনভস্ত্য হাত
তুলে নিয়েছিল ছেনি-হাতুড়ি, উৎকন্ঠায় কত কেটেছিল বিনিদ্র রাত..

যখন মেধাবৃত্তি থেকে মেরিট লিস্ট কিংবা ফার্স্ট ক্লাস
অধরা থেকে গিয়েছে ব্যবধান গড়েছিল দুটো মার্ক্স..
তার ত্যাগের-শ্রমের প্রকৃত মূল্য হয়েছিল কী নিরূপন?

যখন দ্রোনাচার্য না শিখিয়ে করেছিল
একলব্যের অঙ্গুলিচ্ছেদন , গুরুদক্ষিণার অছিলায়
তার দীর্ঘশ্বাস শুনতে পেয়েছিল আর ক'জন?

বন্ধু, সফল যারা জীবনের প্রতিটি লড়াইয়ের ময়দানে
জগৎ তাদের অ্যাখা দেয় খ্যাতিমান।

কিন্তু হেরে গেল যারা তুল্যমূল্য লড়াইয়ে,নূন্যতম ব্যবধানে..?
তাকিয়ে দেখ শুধু একটিবার,
তাদের বুকফাটা দীর্ঘশ্বাসে অনেক গল্প লুকিয়ে আছে...

দিন ফুড়োলে

নিয়ম করে পৃথিবীর আরও একটা
পরিক্রমণ সম্পূর্ণ হল বলেই বদলে যাবে
আরও একটা ক্যালেন্ডার...

নববর্ষের নামে অতিরিক্ত অ্যাড্রেনালিন ক্ষরণ...

আমি এখন হিসেব মেলাই...

শয়ন-স্বপন-জাগরণ , জমা-খরচ
আবেগ-আহত অনুভূতি
আর কিছু অব্যক্ত অপূর্ণ ইচ্ছের...

টানপোড়েন চলছে নিরন্তর
পেন্ডুলামের দোলকের মতোই
মন আর মস্তিষ্কের
আর - বার বার
বার বার প্রতিবারই হেরে যাচ্ছি আমি
হেরে যাচ্ছে আমার আমিটা...

—------

৩১শে ডিসেম্বর, ২০২৪

ডিসকমফোর্টজোন

চেনা ছকের বাইরে
রয়ে গেছে যে জীবন...

দেখছি খোয়াব...
মনখারাপিটা হাতছানি দেয় রোজ

পথ আটকায় পিছুটান,

আমার আমিটা গুমরে মরে একা একা...

দড়ি টানাটানি করে রোজ
প্রয়োজন আর বিলাসীতা...

আমি বলি -- চলরে মন,
ভেঙে ফেলি কমফোর্টজোন... ।

মা

তোমার আঁচল ধরা হাতে
ঠেকেছে অনেক দায়-দায়িত্ব সময়েরই বাঁকে
স্মৃতি-মেদুর হৃদয় জুড়ে ,থমকে যায় সময়...
আজও কোনো আঘাত পেলে, মা
মনে পড়ে তোমায়...

আজ শুধু হতাশ আমি
কাছে পাব না তোমায়,
হৃদয় বড় কাঁদে মাগো;
অশ্রু মুছি জামায়...

চলে গেছ কোন অচিন পুরে
কাছে তো নও, অনে এ এ এ ক দূরে...
কী ই বা উপহার দেব তোমায়
অবাধ অশ্রুধারার ঘটে বর্ষণ
দু'ছত্র তোমার স্মরণে মা'গো-
আমার 'মাদার্স ডে' নিরব সেলিব্রেশন .. ।

১০ই মে, ২০১৮

তমসো মা জ্যোতির্গময়

আলোর রোশনাইয়ের জৌলুসের আড়ালেও
রয়ে যায় কিছু আবছায়া মন খারাপ...

বুভুক্ষু ভারতবর্ষ আর ইনক্রিডেবল ইন্ডিয়ার
দ্বৈরথ বুঝি থেকে যাবে অনন্ত কাল...?

বাতাসে পোড়া বারুদের গন্ধ,
ধ্বংসাবশেষের আড়ালে আশ্রয় খুঁজছে অনাথ শিশু..

সবার পুজো ভালো কাটে কই..?

কেউ ঘরে ফিরল না, আরবা কারো ফেরা হয়ে ওঠে না,
আর অনেকের ফেরা হয়ে উঠবেও না...

দ্বাদশীর চাঁদ সুদুর আকাশে,
আর নিশ্চুপে বইছে শান্ত তিস্তা .. ।

কৃষ্ণ চূড়া

কৃষ্ণ চূড়া
তুমি কীসের প্রতীক?
প্রেম নাকি বিপ্লব...
নব যৌবনের ফুটন্ত শোণিত ধারায়
স্পর্ধার, আবেগের, অসীম সাহসিকতার
নাকি শুধু মন মোহিনী শোভায় ঢেকে রাখ
গ্রীষ্মের অবয়ব?

বিগলিত স্বর্ণ তুমিও কনকচাঁপা...
বিবেকের তাড়নায় অবারিত হৃদয়ের রুদ্ধ দ্বার...
"অশ্বত্থামা হত ইতি গজ" সম
মিথ্যাচার অবলম্বনটাই বুঝি শেষ সম্বল...?

ক্ষয়িষ্ণু

উদয়াস্ত ছুটে চলা...
উপায়ান্তর না পেলে নানা দলে বিভাজন,
কেউবা ভাবে ভবির দোষ,
কেউবা খোঁজে নিজের..
আরবা কেউ আড়ালেই হার মেনে নিয়ে
হারিয়ে যায়
অন্তরালে থেকে যায়
কত না জানা ইতিহাস..

মোমের মত গলছে সময়,
প্রত্যাশার ব্যারোমিটার নিয়ত উর্দ্ধমুখী
হতভম্বতার চক্রবূহ্যে সিদ্ধান্তহীণতার
রোগে আক্রান্ত কতজন..

গদ্যের ঘাড়ে পদ্যের অভিযান...
কবিতা নয়, কাব্য নয়,
নয় কোনো স্বীকারোক্তির বাধ্যবাধকতা,
সময়পটে আঁকছি ছবি ক্ষয়িষ্ণু জীবনটার...
ফুরিয়ে যাবার আগে...।

দহন

জ্বলছি আমিও প্রতিনিয়ত
বিবেকের দাবদাহে...

স্মৃতির ছোবলে
ক্ষত-বিক্ষত অন্তকরণ
দারুণ দহনে জ্বলছি পুড়ছি
সংগোপনে একা একা ...

অব্যক্ত বেদনা বহে
অঝোর ধারায়

চেপে রাখা যন্ত্রণা
যেন ফল্গু ধারা ..।

তথাগত ফিরতো যদি

আকাশ শামিয়ানার তলে
বোধিবৃক্ষ মূলে
ভারতভূমে আরও একবার
তথাগত ফিরতো যদি...

বহুধাবিভক্ত ভারতভূমে
হিমালয় যেথা গগনচুমে
সাগরস্নাত তটভূম

মানবজমিন হত চাষ
বিশ্বশান্তির বসবাস

তথাগত ফিরতো যদি
এই ভারতভূমে আরও একবার...

সাক্ষী ছিল রাঙা পলাশ

ফিকে হয়ে গিয়েছিল সব রঙ যে বসন্তের..
স্নেহের আঁচল খানি আর ছিলনা মাথার'পর
বুক ফাটা চাপা ক্ষোভ আর দীর্ঘশ্বাস
গুমরে মরেছিল অস্ফুটে
দীর্ঘতর মনে হয়েছিল যে বিনিদ্র রাত...
যে স্নেহের পরশ মেখে হত উদয়াস্ত
চিরতরে কালস্রোতে হয়ে গিয়েছিল বিলীন যে মুহূর্ত গুলি

সদ্য কৈশোর পেড়িয়ে যৌবনের আঙিনায়
পা ফেলবার আগেই কঠিন কঠোর ঘাতে-অভিঘাতে
ছিন্নভিন্ন হচ্ছিল যে সবুজ প্রাণ...
অনুভব আর কল্পনা দুই মেরুতে অবস্থান..
অন্তরের সেই নিদারুণ ক্ষরণের
সাক্ষী ছিল রাঙা পলাশ..

যে ঢেউ ভাসিয়ে নিয়েছিল
রঙিন স্বপ্নের ডালি এক লহমায়
তার সাক্ষী ছিল রাঙা পলাশ,
অকাল গ্রিষ্মের দাবদাহে
ফিকে হয়ে গিয়েছিল বসন্তের সব রঙ
তারও সাক্ষী ছিল রাঙা পলাশ..
তারও সাক্ষী ছিল রাঙা পলাশ...

যখন সন্ধ্যা নামে

যখন সন্ধ্যা নামে
মায়ের কপালের রাঙা টিপটির মতো
টুক করে খসে পড়ে বেলাশেষের সূর্যটা..

হিসেবের খাতায় জমা-খরচ মেলাতে বসি সবাই...

সরলতার আড়ালেও
কিছু জটিল সমীকরণ
আর চক্রবৃদ্ধি হারে বর্ধিত
চাহিদার লিষ্টিটা বারতেই থাকে অবিরাম...

পকেটের জোর, মগজের জোর,
শরীরের জোর, পলিটিক্যাল খুঁটির জোর
কোনোটাই কোনো কাজে লাগে না...

তখন অন্ধকারে হাতরানোর মত করে
মনগলিতে মনের জোর হাতরিয়ে চলি হামেশাই...

একাকী

আমাকে আর ডেকো না গো
জনাকীর্ণতা ভুলে আমি নির্জনতার প্রেমে পড়েছি...
যশ-খ্যাতি-মান-দৌলত তোমাদেরই থাকুক অক্ষয়
আমি বিস্মৃতির অতলে তলিয়ে যেতে যেতে হারিয়ে যেতে চাই
তোমাদের ওই ঘুণ ধরা সমাজ ব্যবস্থা থেকে...
আমাকে আর ডাক দিওনা কভু...
যা খুশী ভেবে নিও আমায়-
"ভীরু", "রণছোড়" কিংবা আরও অন্য কিছু...
আমি বড্ড ক্লান্ত হয়ে গেছি...
রোজ রোজ বেআব্রু হচ্ছে বোনেরা
ভাইয়ের বুকে হানছে ছুরি ভাই
মনুষ্যত্ব ভুলে সবাই এখন হিংস্র কসাই...
হাপিয়ে গেছি আমি...
আমাকে আর ডাক দিওনা কভু...
"অসি বড়" নাকি বড় "মসীহ্"
এখন অনর্থক বিতর্ক মাত্র...
চেয়ে দেখ চারিদিক- বাড়ছে বস্তু সর্বস্ব স্বার্থপরতার সংক্রমণ...
আমাকে আর ডাক দিওনা কভু...
জনাকীর্ণতা ভুলে আমি নির্জনতার প্রেমে পড়েছি...

ছিন্ন কন্ঠি

কিছু হিসেব মেলে না..

কিছু হিসেব মিলতে চায়না..

আর কিছু হিসেব মেলানো যায় না..

মালার সুতো টা ছিঁড়ে গিয়েছে,

আমরা পুতির দানার মত...

আপনজনেরা

খসে পড়ছে টুপটাপ

একজন দুজন....

এরপর হঠাৎ কোনো একদিন

আসবে আমার পালা

খসে পড়বো নিরবে...

ওগো মহাজীবন ,

তোমায় বড্ড ভালোবাসি ..

মহাজীবন ২

পারলে ধার দিও সখী আমায়--
সকালের একমুঠো রোদ..

ভাত আর ঘুম দুটোই বড্ড বাড়ন্ত,
তাই - পারলে দুপুরের ক্লান্তি টুকু ধার দিও...

বিকেলের নরম রোদ আর পড়ে আসা বেলায়
মাঠের ওই একমুঠো সবুজ টুকু ধার দিও...

হয়তো একজীবনের সীমীত সময়ে
ঋণখেলাপিতেই রয়ে যাবে
আমার সকল ধার ও কর্য...

অবহেলায় উদাসীনতায়
যদি ভুলেও যাই আমার সকল ফর্জ

তুমি অনুগ্রহটুকু করে
ক্ষমা করে দিও।
সখী,
পারলে তোমার হৃদয়ের ছোট্ট কুঠুরিতে
ভালোবাসা টুকুই আমায় তুমি ধার দিও...

মহা জীবন: ৩

দেনার খাতায় বাড়ছে ঋণ
সময়ের গাঙে
ভেসে যায় জীবনের ভেলা...

মন-মস্তিষ্কের দড়ি টানাটানির আড়ালে
কত অব্যক্ত অনুভূতি রয়ে গেছে চাপা...

পিছুটান বলে এড়িয়ে যাবার করছি ছল
হায়! তবু কিছু বেদনাহত ক্ষণে আঁখি জল ছলছল
মনে ভেসে ওঠে বার বার
ফেলে আসা জীবনের ধূসর স্মৃতি...

যাপিত জীবন

মোমের মতো গলছে সময়..
যাচ্ছে ভেসে যাপিত জীবন ভাটার টানে
অনাহুত কিছু প্রত্যাশার টান
বাইছে জীবন উজান পানে...

তপনদা,
পানিয়ার চরের মতোই
এই মহা জীবনের চর খানি।
ওঠা-পরা, ভাঙা-গড়া কিছু জলছবি
সব সামলে নিতে হয়,
সামলে নিতে জানতে হয়।

সামলে নিতে নিতেই,
মেনে আর মানিয়ে নিতে নিতেই
হয়তোবা কোনো একদিন
'আছে' থেকে 'ছিল' এর তালিকায়
চলে যাবে সব হিসেব-নিকেষ
সাঙ্গ হবে এই যাপিত জীবন..।

একছত্র তপনদাকে

রাত নেমেছে, তিস্তার আকাশে ভাস্বর হয়েছে চাঁদ
আর হয়তো জয়ী ব্রিজ ধরে
মর্নিং ওয়াক করা হয়ে উঠবে না আগের মতো..
আবেদিন কাকার দোকানের চা
আর "জয়ীতে আশ্রয়" নিয়ে
জমবে না পুরোনো "ফাচারু" আলাপ..
বন্ধু আর বিচ্ছেদই বুঝি
আমাদের জীবনের অমোঘ সত্য. .
কদমতলার আদর করে নাম রাখা
"মা কালী মেশ" , মদনমোহন সরণির ভার্সন টু
অতীতের পাতায় নেবে ঠাঁই।
নামের আদ্যক্ষরের ধ্বনি বিপর্যাস ঘটিয়ে নাম রাখা
অনিমেষের ডাল সেদ্ধ আলু মাখা,
অভিষেকের রসালো স্মৃতিচারণ
তোমার হাতের যাদু, কাংড়াতলির রেওয়াজি খাসি,
পানিয়ার চরের বোয়াল
আর বিখ্যাত তিস্তার বোরোলি,
সব ধূসর স্মৃতি হয়ে পড়ে রবে স্মৃতির মণিকোঠায়...
নামছে আঁধার, বাড়ছে দূরত্ব
সময়ের গাঙ বেয়ে ভেসে যায় জীবনের ভেলা...
আবার হয়তো ফেলবে নোঙর নতুন ঠিকানায়
অন্য কোথাও, অন্য কোনোখানে..

ওয়েটিং টিকিটের যাত্রি

যে পুর্ণিমায় গ্রহণ লাগে
সে চাঁদকে নিয়ে সচরাচর কবিতা লেখা হয় কই..?
যে নদীর স্রোত হারায়, তার আর নাব্যতা থাকে কই..?
যে পথের শেষ নেই, পাথেয় নেই, তবুও সে পথ পাঁড়ি দিচ্ছি অহরহ...
যে যন্ত্রণার উপশম নেই, সেই যন্ত্রণাই সইছি অবিরত,
যেদিন বোধিবৃক্ষমূলে রাজদন্ড-জায়া-সুখ-ঐশ্বর্য্য
পরিত্যাগি ধ্যানমগ্ন সিদ্ধার্থ নির্বাণ লাভে অপেক্ষারত..
হয়তো এই যন্ত্রণার ভাগিদার হয়েছিল একবার।
যেদিন "মাথার খুলে"র উপত্যকায় কাঁটার মুকুট পরিহিত
ক্রুশবিদ্ধ যিশু প্রবল অনুকম্পায় তাকিয়েছিল
ঘাতক সৈনিকদের দিকে, অষ্ফুটে বলে উঠেছিল- " এলি এলি লামা শবাক্তনি "
হয়তোবা এই যন্ত্রণাকে তাচ্ছিল্যে উপেক্ষা করেছিল।
কারবালার মরুপ্রান্তরে এজিদের ষড়যন্ত্রে
হোসেন তার শিশুপুত্রের শব কাঁধে চরম প্রত্যাঘাত হানার জন্য
ঝাপিয়ে পড়েছিল শত্রু সৈন্যদের ওপর,
তার হৃদয়ের সেই চরম যন্ত্রণাকে অনুধাবন করো তো বন্ধু একটিবার..
যে বাবা হারভাঙা পরিশ্রমে করছে সন্তান প্রতিপালন,
যে মা অশ্রুগোপন করে লড়ছে রোজ..
আমরাও তো বাঁচছি আর মরছি রোজ,
যদি অবস্থার উন্নতি ঘটে..
জীবন যাত্রার এই দীর্ঘপথের
ওয়েটিঙ টিকিটটা কনফার্ম হবার আশায় ।

বে-ফিকর

মিয়েন্ডার

সময়ের গাঙ বেয়ে
ভেসে যাবে জীবনের ভেলা
আর তুমি স্বপ্নের পাল তুলে
অশ্রু জলে বাইয়ো খেয়া,

যেখানে দুঃখের চোরা স্রোত
মারে পিছুটান
বেদনা-বিদুর হৃদয়
তোলপাড় করে ওঠে ঝড়
রয়ে তুমি অবিচল
এগিয়ে যেও সম্মুখ পথ...

পিছনে ফিরে তাকিয়ো না আর,
যেখানে জীবন ধারা নিয়েছে বাঁক...

২৪শে ফেব্রুয়ারি, ২০১১

জীবনের ক্যালকুলাস

আচ্ছা বল তো কতটা চোখের জল
আর কতটা যন্ত্রণার 'গুনফল' কে বলে সহনশীলতা ?

অস্থির সময় আর কষ্টের জীবন..
কতটা দুঃখের কিংবা সুখের 'ভাগফলে'
মিলবে 'সমাধান' জীবন জটিলতার ?

চাহিদার পাশাপাশি পার্থিব সমস্যারাও
বেড়েই চলেছে 'চক্রবৃদ্ধি হারে' ,
আর জীবন তো এগিয়ে চলেছে
ছোটো ছোটো স্বপ্নেরই 'যোগফলে'..

বড়দের পেয়েছি উপদেশ
'ভাগ করে' সুখ-দুখ
'যোগ করে' কিছুটা সাহস-স্বপ্ন-শ্রম
বেড়ে যাবে জীবনের আমেজ 'কয়েক গুন' ।

তাই রয়ে গেছি লড়াইয়ের ময়দানে
পড়তে সাফল্যের তীলক বাজাতে জয়বাদ্য ,
আমি এখনও ভুলিনি বন্ধু এখনও ভুলিনি
এটাই তো জীবনের 'উপপাদ্য'..।

ফাঁকা

নষ্ট সময় আর কষ্ট জীবন
দুনিয়াটা বড়ই বাঁকা,
যৌবনে সব স্ফূর্তি করলে
ভবিষ্যতে ফাঁকা..।
দুঃখে কাতর ভয় পেও না
পরিশ্রম টা করলে সঠিক
বদলে যাবে ভাগ্যটারই চাকা ।
কখনও বা দুঃখ ভীষণ
আর কখনও সুখ,
কখনও বা সফল হলে
আর কখনও সময় গুলো
ব্যর্থতায় ঢাকা ...।
এলোমেলো এই ব্যাপারগুলো
একপাশেতে সরিয়ে ফেল,
কাঁদুনি গেয়ে কাজ নেই কোনো
চোখের জলে ভিজে
তারচেয়ে বরং নিজের ভাগ্যটা ভাই
পরিশ্রম করে গড়তে হবে নিজে,
তাই এসো ভাই নিজেকে করো যাচাই
আঁতস কাঁচের নীচে ।
নিজের শক্তিগুলোকে শাণ দিও আর
দুর্বলতাকে জয় করে ভাই
ভরাট করো "ফাঁকা "
তাহলেই ভাই জীবনটা হবে সুখের
নানা রঙে আঁকা ..।

ওগো জোনাকি

ওগো জোনাকি,
তুমি কী জ্বলছ আত্ম-দহনে?
না কী তোমার বিকশিত আত্ম-মগ্নতার আভায়?
আমি কিন্তু বন্ধু,
আত্ম-দহনে দগ্ধ হই মুহুর্মুহু..।
কারনে হৌক বা অকারনে
অতীতের অনেক গোপন অপরাধের আত্মগ্লানি
কুড়ে কুড়ে খায়..
জানি না বন্ধু , তুমি কী গোপন বার্তা দিতে চাও
তোমার ঐ নরম আভায়..?
আমি মোহিৎ হই, ভাবিত হই...!

অসুখ

ব্যথাতুর হৃদয়ের আল্পনা
জমছে মনের ক্যানভাসে,
হতভম্ব হয়ে আছি অফুরন্ত এই অবকাশে,

ভাবনা গুলো আজ সব কোয়ারান্টাইনে,
লকডাউন হয়ে গেছে স্বপ্ন-জগৎ..

অসুস্থ-ধরনী সম
ছোঁয়াচে ইচ্ছেতে আক্রান্ত
মন ও মস্তিষ্ক..

সাফল্যের স্যানিটাইজারে
সুস্থ হবার অপেক্ষায় ..।

যুদ্ধ করেই

যুদ্ধ করেই
জিততে হবে নিজের অধিকার,
দুনিয়াটাই জটিল এখন,
পরের তরে ভাবনা রাখে কেই বা কার?
যুদ্ধ করেই ছিনতে হবে প্রাপ্য তোমার।

এই যুদ্ধ সেই যুদ্ধ নয়,
নেই কোনো অস্ত্রের ঝঙকার।

এ যুদ্ধ মেধার,শ্রমের,
এ যুদ্ধ নতুন জগৎ গড়বার।
এ যুদ্ধ ধৈর্যের, সহ্যের আর কর্মের..।

যতটুকু বেঁচে আছে

ইচ্ছে আর উপায়ের ব্যবধান
ঘোঁচাতে ঘোঁচাতে
ক্লান্ত হয়ে আসা উদ্যম আর
ফুরিয়ে আসা জীবন-ক্যালেন্ডার,
তবু হৃদয় উজার করা ভালোবাসায়
ভরা এই মাটির পৃথিবীতেই
খুঁজে পেয়েছি স্বর্গোৎদ্যান..

ভালোবেসে যাব তবু
যতদিন দেহে আছে প্রাণ,
ব্যর্থ হিসেব কষা,
ক্ষুদ্র স্বার্থ নিয়ে চাওয়া-পাওয়ার।
মনের জানলাখানি
উন্মুক্ত করে দাও হে বন্ধু,
আসুক সুসম্পর্কের মিঠেল হাওয়া
ছুয়ে যাক হৃদয় প্রান্তর,
যত টুকু বেঁচে আছে..
ভুলে যাক পিছুটান..।

পালিয়ে যাবোই এবার

আত্ম-মগ্ন সবাই
নিজেকেই যেন করছে বিপণন..
বিমূর্ত জগৎের মোহ-তে
আবেশিত হচ্ছি রোজ।

এখন তো স্ট্যাটাস বজায়
রাখতেই জব্বর চেষ্টা
কে রাখে আর মনের খোঁজ?

ক্লান্ত শরীর-মন
অসহ্য লাগে ইঁদুর দৌড়..

অপারগ আমিও,
পারবোনা যে
মন জোগাতে সবার।
নিজের ইচ্ছে গুলো
নিয়ে আপন খেয়ালেই
পালিয়ে যাবোই এবার..।

কিছুতেই তুই বুঝলি না

ওরে ও মন, পাগলা ক্ষ্যাপা

বুকে অনেক দুঃখ চাপা..

সামলে চল, সামলে চল

আসতে বাকি আরো অনে..এ..এ..ক ঝড়..।

দুঃখ নিয়েই করলি ঘর!

চক্রবূহ্যে আঁটকে গেলি অকারনেই,

বেড়িয়ে আসার পথটা যে আর খুঁজলি না!

ইচ্ছে, সাহস বন্ধু তোর ,অস্ত্র যে তোর চেষ্টা,

জীবনটা হবে সহজ, বুঝেও কেন বুঝলি না..?

বে-ফিকর

ভাবতে ভাবতেই
কেটেছে অনেকটা সময়...
উচ্চাশার স্বপ্নীল হাতছানি
আর বাস্তবতার দুর্গম পথের
সুদৃঢ় মেলবন্ধন..
চিনতে শিখিয়েছে অনেক কিছুই,

ভাব আর ভাবনার ডালা খুলে
উঁকি দেয় অবচেতন মন...

কিছুটা গুমোট হতাশা,
খানিকটা প্রাণখোলা উচ্ছ্বাশ
আর স্বল্প কিছু হিসেবি ভালোবাসায়
বুনতে শিখেছি জীবনের স্বপ্নগুলিকে একা একা...

অবমূল্যায়ন

ধুঁকতে থাকা ক্ষয়িষ্ণু জীবন
হারিয়ে যাওয়া ব্যস্ত সময়
আর চরম তম প্রতিদ্বন্দ্বিতার অভিঘাতে
ছিবড়ে হয়ে যাওয়া জীবনটা যেন
"এক টাকার কয়েন "
মান আছে দাম নেই
প্রয়োজন আছে সম্মান নেই ,
তবুও বেঁচে থাকা
সুদিনেরই আশায়
যদি হতাশার কালো রাতের অবসানে
ফুটে ওঠে নতুন ভোরের আলো..।

ইভ্যালুয়েশন

কে বেশি দামি
প্রয়োজন না কী প্রিয়জন...?

উত্তর টা মেপে দেখ সময়েরই দাড়িপাল্লায়,

মানুষও কখনও খুইয়ে বসে মান হুঁশ
পৃথিবীটা ভরে গেছে দ্বেষ আর হিংস্রতায়...

আমরা রোগাক্রান্ত আজ বুঝি
ধরেছে স্বার্থপরতার অসুখ..

ভালোবাসাটা শুকতারা হয়ে জ্বলুক তবু
ভরসার আকাশে
"আশায় বাঁচে চাষা " মনটাও সুদিনের দিন গোনে
নতুন সূর্য উঠুক মানবতার ঈষাণ কোনে..।

যাপন

জীবন নদীর প্রবাহে
কতই স্মৃতির প্লাবন
অগাধ খুশির জোয়ারে...

সময় থমকে দাঁড়ায় ,
হিসেব কষার বেলায়
প্রাপ্তির ভাঁড়ারে শূন্যতা ।

আঁকড়ে ধরবো তবুও
বাঁচার জন্যই স্বপ্নকে ,
আশার আলোক জ্বালিয়ে..

দেখছি খোয়াব

দিল দরিয়া বেজায় খুশ,
বেফিকর্ হয়ে দেখছি খোয়াব..
রহম করুক খোদা এবার..।
জান জিগর লাগিয়ে দেব,
কামেয়াব হতেই হবে,
আমার মর্জির আমিই যে নবাব।

সময় পট

দেবী তোমার ত্রিশূলে

বিদ্ধ হউক ধর্ষকাসুর

(প্রতি নিয়ত ঘটে চলা ক্রমবর্ধমান
নারী নির্যাতনের অবসান চেয়ে প্রার্থনা)

পূজা শেষে উমা ফিরল আপন দেশে,
সাঙ্গ হল হৈ-হুল্লোড় সাঙ্গ হল মিলন মেলা..।
ডুব দেব আবার আপন আপন কর্মজগতে।
অপেক্ষায় থাকবো সবাই, তাকিয়ে সেদিকেই--
উমা ফিরবে যে পথে ।
শুধু করজোড়ে প্রার্থনা করি উমা মাকে..
অনেক হল ভাগবত পূরাণ কিংবা ঐতরেয় ব্রাহ্মণ
দমন হল অনেক চুন্ড-মুন্ড-বৃত্ত কিংবা মহিষাসুর!
এইবার কিছুটা বদল ঘটুক
দিকে দিকে কোলাহল উঠুক,
আর নয় শুধু ঐ মহিষাসুর,
দেবী তোমার ত্রিশূলে বিদ্ধ হউক ধর্ষকাসুর .. ।
হোক কোলাহল হোক কোলাহল
হে রুদ্র, পৃথিবীকে আজ মুক্ত কর
অবসান হৌক ধর্ষণ-হলাহল..
"যা দেবী শক্তিরূপেন সংস্তিতা"
ধরনি আজ রক্তে ভেজা ধর্ষিতার রুধির ধারায়!
আওয়াজ উঠুক পাড়ায় পাড়ায় আর নয় মহিষাসুর !
দেবী তোমার ত্রিশূলে বিদ্ধ হউক ধর্ষকাসুর..।

একটি এসএমএস
এর অপেক্ষায়

স্বপ্নের ফানুস উড়ছিল অন্তরের আসমানে,
স্বপ্ন জেগে ওঠেছিল বেকারত্ব ঘোচানোর।
বিনিদ্র রাত আর উদ্ভ্রান্ত দিনমান
কাটছিল প্রহর প্রতিক্ষার...

একপ্রস্থ নাটকের পর শুরু হল পালা
এস এম এস পাঠানোর...
একে একে এলো খবর বন্ধুরা চাকরি পেল বলে।

অস্থিরতায় অতিষ্ঠ মন, তবুও দেখি সুখ স্বপন ...

কিন্তু হায় বিধি বাম, এলোনা কোনও খবর।
বন্ধ হল রিক্রুটমেণ্ট ।

প্রত্যাশার ঝুলিটা অপূর্ণই থেকে গেল..

কিন্তু কেন...?
চরম প্রতিদ্বন্দিতা নাকি দূর্নীতি
দায় কার....!!..??

-----

২০ ফেব্রুয়ারি, ২০১৭
রাত ৯:৩০

অস্ফুট আর্তনাদ

(গত ২৩শে মে ২০২৫, সামান্য পাঁচ টাকা দামের দুটো চিপসের প্যাকেট কুড়িয়ে নেওয়ায়
চোর অপবাদ সইতে না পেরে যে কিশোর ছেড়ে চলে গেল
এই দুনিয়াদারির বাহাদুরি, তারই স্মরণে)

গ্রীষ্মের এই বিষণ্ণ বিকেল সাক্ষী থাকুক...

সাক্ষী থাকুক জারুল-পলাশ-কৃষ্ণচূড়া আর অমলতাশ।
আত্মগ্লাণিতে জ্বলে পুড়ে খাক হয়ে যাওয়া কচি মনটা..

নির্দোষ নির্মল অস্ফুটে উচ্চারিত উপেক্ষিত
আত্মপক্ষ সমর্থন...
গুমরে উঠছে বারংবার,
ধীক্কার তোমায় ওগো তথাকথিত সভ্য সমাজ

সন্তান হারা জননীর জন্ম জন্মাতরের তরে
কঠিন কঠোর দন্ড সম আঘাত হানবে
বারংবার সেই অস্ফুট আর্তনাদ–
“ মাগো, আমি চুরি করিনি...”

ওগো সান্ত্রী মশাই

(৯ই এপ্রিল ২০২৫ , আন্দোলনরত শিক্ষক-শিক্ষিকাদের ওপর নির্মম পুলিশি প্রহারের প্রতিবাদে)

ওগো সান্ত্রী মশাই
বাঃ বাঃ বীরপুঙ্গব তুমি
ডান্ডা উঁচিয়ে করছো ধাওয়া
নরম মাটিতে কাটতে আঁচড়
তোমার নেইকো জুড়ি, বাওয়া...
ওগো সান্ত্রী মশাই
পক্ষান্তরে পড়লে চাপে
ম্যাও ম্যাও করে পালিয়ে বেড়াও
নিরাপদ আশ্রয় পেতে করে রাখ
শাটার ডাউন...
নরম মাটি পেলে পরে
তুমিই হয়ে ওঠো ব্লাড-হাউন্ড
ওগো সান্ত্রী মশাই...
তোমার তো দেখি জুড়ি মেলা ভার
যারা করে অন্যায়, ডিস্টার্ব হয় ল এন্ড অর্ডার
তখন তুমিই হও কেন পগার পাড়...!!??
ওগো সান্ত্রী মশাই...

এপ্রিল ফুল

প্রতিশ্রুতির জোয়ার,
মেকি হাসি আর কুম্ভিরাশ্রুর
সস্তা প্রলেপে যারা রাজদন্ড অর্জন করে
ভন্ডামি করে গেল দীর্ঘ সময়..
আজ বদল আর বদলার সুবর্ণ সুযোগ-
মিথ্যার ফানুসে না উড়ে
বাস্তবের মাটিতে দাঁড়িয়েই
যুক্তি-বুদ্ধি-বিবেকের আঁতস কাঁচে
যাচাই করেই প্রয়োগ করবো
নিজের গণতান্ত্রিক অধিকার।

এবার এপ্রিল ফুলটা নাহয়
জনগণের দ্বারা মিথ্যার বেসাতিকারি
ঐ জোচ্চোর রাজনীতির দোকানদাররাই হোক...।

খামখেয়ালি

(গত ৭ই ডিসেম্বর ২০২৩ হঠাৎ বর্ষণে
কৃষকের পাকা ধান মাঠেই নষ্ট হয়েছিল, তাদের মনোবেদনা অনুভবে)

আহা মৌতাত,
মেঘ-পাহাড়-বৃষ্টি ভ্রমন বিলাস...

কেতা দুরস্ত হট সিপ, সাইট সিন খানাপিনা জম্পেশ
ব্যস্ত আমার ইনক্রিডেবল ইন্ডিয়া।

ওপাশে কালো মেঘ আঁধার ঘনায়,
দেনার দায়, মহাজনের চোখরাঙানি,
ঘরে জনা কয়েক বুভুক্ষু করুন চাহনি
আর অপূরণীয় ক্ষতির বুক ফাটা আর্তনাদ।

হায় শীত! তুমিও বর্ষিত হও...
তোমার খামখেয়ালিপনা লাজবাব...

শাঁখের করাত

(কোভিড-১৯ এর প্রাক্কালে বুভুক্ষু ভারতের স্মৃতি)

ভাইরাসের আক্রমনে নাজেহাল আজ বিশ্ব-নিখিল,
নাগরিক সমাজ যেন স্তব্ধ স্পন্দনহীন...
যাদের আছে অগাধ কাটাচ্ছে অবকাশ,
আজ বিরিয়ানি কিংবা কাল চাউমিন..

শুধু সর্বহারা নিঃস্ব যারা-
যারা ভূ-তলের মজুর, যারা বুদ্ধিজীবী নয়রে ভাই
যারা দিন এনে দিন খাওয়া শ্রমজীবী..
তাদেরই তো কাটছে দুর্বিষহ দিন..।
উনুন জ্বলছে না নিয়মিত,
জঠরে জ্বলছে ক্লান্তিহিন ক্ষুধার আগুন..।

দুর্ভাবনারা বাড়াচ্ছে বলিরেখার ভাঁজ
লক ডাউন আজ দেশটাই কোথাও নেই কাজ..।

হতভম্ব মনটা কিংকর্তব্যবিমূঢ়,
বাইরে বেরোলে ভয়, আছে করোনা
আর বাইরে না বেরোলেও তো আছে ভয়,
ঘরেতে যে বড়ই অভাবের তাড়না....

এপ্রিল ১৭,২০২০
রাত ৮:৩৮

দিগন্তের সীমানায়

(৪ঠা মে ২০২৩ জ্বলছিল মণিপুর, আমাদের দুটি বোন বেআব্রু, রাজপথে হাটিয়ে নিয়ে যাচ্ছিল দুঃশাসনের দল)

না, আজও তেমনি সন্ধ্যা নামতে দেখলাম
ভাইয়ে ভাইয়ে দ্বৈরথ শান্ত হয়নি আজও..!

নিরীহ বোনেদের হতে হয় রাজপথে বে-আব্রু বারংবার..
রাজধর্ম কুটিলতায় আবদ্ধ , ভীষ্ম সম...
আইনের দেবী দুচোখ আবরিত, গান্ধারীর মতই।

আর কিছু নিস্ফল হা-হুতাশ ডুকরে মরে অযথা...

সূর্যটা ডুবে গেছে বহুক্ষণ আগে...
এখন নামছে গাঢ় অন্ধকার...।

দ্যোতনা

বিভাজন
আরও আরও আরও বিভাজন...
জাত-ধর্ম-লিঙ্গ-বর্ণই শুধু নয়
মত-পথ-আদর্শ আরও অনেক বিভাজন

মনুষ্যত্ব আজ বিখণ্ডিত সত্ত্বা..

প্রলোভন,
শুধু অর্থ নয় যশ-খ্যাতি আরও অনেক কিছুর..

ভাঙনের খেলা শুরু হল বলে,
আলগা হচ্ছে সম্পর্কের বাধন
দাম্পত্য যেন বালির বাঁধ!

দুনিয়াটা হচ্ছে দেখনদারী রঙে
আরও বড্ড রঙিন...

পরিযায়ী বনাম কোয়ারানটাইন

(২০২০ এর মার্চ-এপ্রিল, সারাদেশে জারি
মহামারী আইন, কিন্তু বিত্তশালী ইন্ডিয়া দরজায় খিল আঁটলেও
আমার বুভুক্ষু ভারত সেদিন মাইলের পর মাইল পায়ে হেঁটেছিল)

ইন্ডিয়া তো চলে গেছে কোয়ারানটাইনে,
হয়ে গেছে লকডাউন!

কিন্তু! হা-হুতাশ করছে আমার ভারতবর্ষ
রাজপথে ভুখ-মিছিল...!

উদ্বেগ-উৎকন্ঠায় শ্রমজীবী লঙমার্চ..

ইন্ডিয়া, তুমি কী করবে সাহস?
পাশে এসে দাঁড়ানোর..?

দূর ছাই

চুলোয় যাক সমাজ-টমাজ
আমি আছি বেশ জম্পেশ ...

উদয়াস্ত কোথা
কী হল, কী হল না
থোড়াই না আমার মাথাব্যথা!!

আমি তো খাশ লোক
বুদ্ধিজীবী নামাবলী গায়..

কে কী পেল আর কে কী পেল না
তাতেই বা আমার কী এসে যায়!?

না খেয়ে মরল বঞ্চিত বেকার
শোষিত হল মজুর
নাকি ফসলের ন্যায্য দাম না পেয়ে
কপাল পুড়ল চাষার...

আমার তো ভায়া
দু পকেট মালকড়িতে ঠাশা
আমি তো তাই, দিব্যি কোবতে লিখ'ছি খাসা..

প্রতিবাদহীন

পুথিভরা বুলি আর গাথাভরা নীতি
মনে হয় 'ছেলে ভুলানো কথা' ছাড়া আর কিছু নয়।
মুণ্ডক উপনিষদ ধার করে নেওয়া
'সত্যমেব জয়তে' মনে হয় একটা প্রহসন -
যখন নিত্য দেখি সত্যের লাঞ্ছনা।

'ন্যায় আর সমতা' মনে হয় যেন 'সোনার পাথর বাটি'।
আইনের দেবীর চোখ যে বাঁধা গান্ধারি সম।
আর নিরবে নিভৃতে কাঁদে আজও বিচারের বাণী।

সত্যের আরাধনা যে বড্ড কঠিন।
বড়ই যন্ত্রণার, লাঞ্ছনার আর গঞ্জনার।
সত্যের পক্ষ অবলম্বনে তাই মিথ্যের সামনে
নতজানু হল গ্যালিলিও, যে বিজ্ঞানি সুমহান।
সত্যের আরাধনায় সক্রেটিস করে গেল বিষ পান..!
তাই আজ আমরাও বুঝি বহুলাংশে সত্যের আরাধানা করতে অপারগ।
হয়েছি প্রতিবাদহীন।
আমরা বুঝি সেই অমোঘ নিয়মে বাঁধা পড়ে গেছি
"সত্যম ব্রুয়াৎ,প্রিয়ম ব্রুয়াৎ, মা ব্রুয়াৎ সত্যম অপ্রিয়ম।"

১৩ই ডিসেম্বর ২০২০
রাত ৯:১০

মূল্যহীন

(৮ই মে, ২০২০: ঔরঙ্গাবাদে রেল দুর্ঘটনায়
নিহত পরিযায়ী শ্রমিকদের স্মরণে)

অনিশ্চিত ভবিষ্যৎ,
উদ্বেগ উৎকন্ঠায় ভরা বিনিদ্র রাত..
এড়িয়ে পুলিশি-প্রহার
ওরা ফিরছিল পায়ে পায়ে,
পথদিশা ঐ নাগরিক সভ্যতার নিদর্শন
তোমার ঝা চকচকে রেলপথ,
আর সম্বল -দুটো আধসেঁকা রুটি।

মাইলের পর মাইল
পেরিয়ে অবসন্ন দেহে
একটু বিশ্রামের আশায়
ওরা শায়িত হল আজ মৃত্যুশয্যায়..

কারা নাকি এরোপ্লেনে এসে
স্পেশাল ট্রেনে ফিরছে?
পারলে একটু খোঁজ দিয়ে যেও তো!

উঠে দাঁড়াও ভীনেষ

(৮ই আগস্ট ২০২৪, প্যারিস অলিম্পিকে
নিয়মের জাঁতাকলে ভীনেষ ফোগতের
স্বর্ণ পদক বিপর্যয়ের আবহে রচিত)

তোমার সেরাটাই দিয়েছিলে তুমি,
তোমার বজ্র কঠিন শীর দাঁড়ায় তোমার হিমালয় সদৃশ মনোবল
আর কুস্তির মারপ্যাঁচে একে একে হচ্ছিল ধরাশায়ী
জগতের নানা প্রান্তের দিকপাল..।
সেরার শিরোপা লাভে অবশিষ্ট ছিল শুধু একটি নিশি প্রভাতের..
তীরে এসে বুঝি ডুবল তরী...
কিছু নিয়মের বেড়াজাল, তোমার সর্বস্ব কেড়ে নিল নিমেষেই।
কেঁদো না, ভীনেষ বোনটি আমার..
তুমি উঠে দাঁড়াও আরও একবার।
নিয়মের গেঁড়োয় অলিম্পিক পোডিয়াম
তোমার স্থান , তোমার অধিকার হরণ করলেও
তুমি শত কোটি ভারতবাসীর
হৃদয়ের উচ্চাসনের পোডিয়ামে স্থান পাবে চিরকাল।
শত কোটি ভারতবাসীর হৃদয়ে
উড়ছে দেখো - তোমার জয়ধ্বজ...

নেতাজির প্রতি

সত্তর বছরের পুরানো স্বাধীনতা
আজ, ভূলুন্ঠিত তবুও দেশের গরিমা..!!
অন্ন-বস্ত্র-বাসস্থান এর অভাব পূরনে
আজও পরিযায়ী মিছিলের ভীরে
হারিয়ে যাচ্ছে আমার ভারতবর্ষ।
একদিকে ঝাঁ-চকচকে ইনক্রিডেবল ইন্ডিয়া
আর অপরদিকে
হতদরিদ্র ভারতবর্ষের সুকরুন আর্তি..
এটাই কী ছিল নেতাজির
স্বপ্নের 'আজাদ হিন্দ'.. !?

তাই শুধু নেতাজির প্রতিকৃতিতে
মাল্যদানে আর সুমধুর ভাষণেই নয়,
ভারতের সার্ধ শতকোটি ভারতবাসির
সম্মিলিত প্রয়াসে ভারত মায়ের হারানো গরিমা ফিরুক,
দেশের দশের সমাজের কল্যান সাধনই
কোটি কোটি 'তরুনের স্বপ্ন' হোক আজ।
হৃদয়ে ধ্বনিত হোক সেই মন্ত্র
'কদম কদম বড়ায়ে যা'..
একদিন, লাল কেল্লায় সত্যিই উড়বে
প্রকৃত স্বাধীনতার তেরঙা
আর 'সর্ব সুখ চৈন' বর্ষিত হবে।

নব বর্ষ

আজকের রাতটা নাকি বছরের শেষ রাত,
কই !? আমি তো টের পাইনি..

প্রভাতের রবি কিরন
নাকি নবিনের আগমন বার্তা বয়ে আনবে আবার...
তাই নাকি!? বাঃ বেশ বেশ...
তাহলে এবেলা
ঐ মিথ্যে দম্ভ-অহঙ্কার-মন কষাকষির কী দরকার...!?

চলো বন্ধু, আমরা আবার নতুন করে বাঁচি...

মনখারাপি নিম্নচাপ
দু-চোখের মুষলধারায় বিলিন হোক..।
আমরা আবার প্রেমের আল্পনা দেব মনের আঙিনায়,
শত অভিমানের ভালোবেসে তুলবো শোধ।

দেখবে,
আবার চাঁপা দীর্ঘশ্বাসের আগল ভেঙে
সুসম্পর্কের নীলাকাশে উঠবে ভালোবাসার রোদ...।

স্বাধীনতার স্বরূপ

বছর ঘুরল, ফিরে এলো সেই পুণ্য তিথি আগষ্টের পনেরো
স্বাধীনতা লাভের পঁচাত্তরটি বসন্ত অতিক্রান্ত হল বলে...

এখনও রাজ অতিথি এলে দেওয়াল গেঁথে পার্থক্যটা তুলে ধরছি–
একদিকে ইনক্রিডেবল ইন্ডিয়া আর অপরদিকে বুভুক্ষু ভারতবর্ষের...।
একদিকে মুষ্টিমেয় বিলিয়নেয়ার-ট্রিলিয়নেয়ার
অপরদিকে ফুটপাতবাসী আমার হতদরিদ্র
মিলিয়ন মিলিয়ন আর বিলিয়ন ক্ষুধাতুর ভারতবর্ষ...।

বুক ফেটে কান্না বের হয়, অন্তঃকরন হাহাকার করে ওঠে- "ইয়ে আজাদি ঝুঠা হ্যায়"।
প্রতিবেশিদের তুলনায় ক্ষুধা সূচক পিছিয়ে পড়ার লজ্জা মাথা নত করে দেয়।

তবুও শত দুঃখের মাঝেও এক চিলতে আশার আলো–
এই পোড়া দেশের অব্যাহত বিজ্ঞানের জয়যাত্রা, খেলার জগৎে দাপট, সাহিত্য,
শিল্প কলায় খ্যাতি...
বাধ্য করেছে সুটেড-বুটেড পশ্চিমা সাহেব-সুবোদের মাথা নত করতে।
এখন সময় হয়েছে সমতা-ন্যায়-স্বাধীনতা-সৌভ্রাতৃত্ব কে
সংবিধানে লিপিবদ্ধ আক্ষরিক নীতি হিসেবে নয়, জীবনের সঙ্গে মিশিয়ে চলবার।
এসো হে বন্ধু, তুমি বহুতলের হুজুর, তুমিও এসো হে বন্ধু ভু-তলের মজুর,
আমরা হাতে হাত আর কাঁধে কাঁধ মিলিয়ে দেশটা নতুন করে গড়ে তুলি ।
এসো সবে– দেখবে "ভারত আবার জগৎ সভায় শ্রেষ্ঠ আসন লবে।"
---------১৫ই আগস্ট, ২০২১

বাইশে শ্রাবণ স্মরণে

গুরুদেব, সাহিত্যের আকাশে
জানি না উদয় হবে কী না - নব প্রভাতের রবি..!?
এখন তো শখেই হোক,ঝোকেই হোক
কিংবা ভালোবাসায়, অথবা অন্য কোনো কারনে
সাহিত্যের জগৎখানি জুড়ে রয়েছে শত সহস্র
কবি কিংবা অকবি..!?
কেউবা সামান্য উৎসাহে উজাড় করা ভালোবাসায়
কলম খানিকে দিয়ে হৃদয়ের কথা বলায়,
আর বা কেউ সাহিত্য যৎকিঞ্চিৎ হোক, দম্ভ গগন চুম্বি..
জানি না , এতে সাহিত্যের লাভ না কী ক্ষতি..!?

আপনার কাছে স্নেহাশীস প্রার্থনা করি–
ভাষার তরে, সাহিত্যের তরে,মানুষের তরে
আমার এই হৃদয় উথাল-পাথাল করে,
সাহিত্যের সুধা বর্ষিত হোক বাইশের শ্রাবণ ধারার মত করে।
দম্ভ নয়,গর্ব নয়, আমি যেন মাটির ঘ্রাণের নবান্নের অঘ্রাণের, রাখালের বাঁশির,
শিশুর হাসির কথা লিখে যেতে পারি।
আপনার শাশ্বত উপলব্ধি "আমি মৃত্যুর চেয়ে বড়"
আমারও অনুভবে যেন জাগাতে পারি..
কবি লহ প্রণাম...।

——-২রা আগস্ট, ২০২১

সকাল ৮:৩০

একছত্র বিদ্রোহী কবির প্রতি

তোমার বাণী আজও ধ্বনিত হয় অন্তরের অন্তঃস্থলে–

কত সহজ সরলভাবে তুমি লিখে গেলে মানবতার বাণী-

"..মিথ্যা শুনিনি ভাই/ এই হৃদয়ের চেয়ে বড় কোনো মন্দির-কাবা নাই।"

"মানুষের চেয়ে বড় নাহি কিছু/নহে কিছু মহিয়ান।"

তোমার উপলব্ধীই আজ জগৎ করুক অনুধাবন- "অসির চেয়ে মসিই বড়"।

তোমার ক্ষুরধার লেখনীর আঘাতে ধ্বংশ হোক ধর্মোন্মাদ ভন্ডদের কারবার..

তোমার বিদ্রোহি সত্ত্বার সুউচ্চ আদর্শের কাছে নতজানু হয়ে পড়ুক জগৎের স্বার্থপর পুঁজিবাদ, ধর্মোন্মাদ,বিভেদকামি প্রতারকদের দল।

মানবতা আজ বড্ড অসহায়..

"ধর্ম-ধ্বজা উড়ছে আজও টিঁকির গিঁটে দাঁড়ির ঝোপে।"

আজ তোমায় ভীষণ প্রয়োজন, ফিরে এসো কবি, বাজাও তোমার "অগ্নিবীণা"

সাম্য-মৈত্রী-ঐক্যের আবহে মুছে যাক সকল দ্বন্দ্ব-দ্বেষ আর ঘৃণা..

আসমুদ্র হিমাচল তোমার বাণীতে ধ্বরবে একই সুর

দৃপ্ত কন্ঠে বলবো আবার – "গাহি সাম্যের গান / যেখানে আসিয়া এক হয়ে গেছে সব বাধা-ব্যবধান / যেখানে আসিয়া মিশেছে হিন্দু-বৌদ্ধ-মুসলিম-খ্রিশ্চান/গাহি সাম্যের গান.."

কবি লহ প্রণাম..। *২৭শে মে ২০২১*

হাতে হাত রেখো প্রিয়

সেদিন দেখা হয়েছিল

মনে হচ্ছিল, বুঝি রামধনু আমায়
ধার দিয়েছে তার সাতটি রঙ,
মনটা ছিল বড্ড বাঁধন হারা, প্রথম দেখার দিন।

জীবনের নিভে যাওয়া চুল্লিতে দপ করে জ্বলে ওঠেছিল
উৎসাহের আগুন আবার, যখন তুমি সখি হাতে হাত রেখেছিলে।
মনের খোলা বাতায়নে এসেছিল ফুরফুরে দক্ষিণা বাতাস,
ডেকে ওঠেছিল প্রেমের বসন্তে ভালোবাসার কোকিল।

তোমাতে আমাতেই যেন ঘটছিল মিলন পুনর্বার
আদম-ইভ, হির-রাঞ্জার, মজনুর সাথে লায়লার, শতবর্ষ পর ..
কানাইয়ের সাথে রাইবিনোদিনির দেখা হচ্ছিল আবার।

কথা দিলাম, পারস্পারিক স্নেহ-মমতায়, ভালোবাসায়
সহযোগিতায় এই দুটি হৃদয়ের সেতু-বন্ধনে
চির ধরবে না কোনোদিন - সন্দেহ আর অবিশ্বাসের আঘাতে ।
আসুক শত ঝড়,
তুমি শুধু পাশে থেকো আমার।
একদিন মিলন হবে তোমার আমার,
আমরাও গেয়ে যাবো জীবনের জয়গান।

প্রতীক্ষা

অপেক্ষার ব্যারোমিটারে
বাড়ছে হৃদকম্পনের চাপ,
উঠছে পারদ
ধৈর্য্যের রিখটার স্কেলে..
তুমি চলে গেলে সখি,
"এই একটু আসছি.." বলে।
আমি তো এখনও
অপেক্ষায় আছি চাতক সম,
তুমি আসবে বলে..!!

যে পথে

যে পথে গেলে
ইচ্ছেগুলো ঠিকানা খুঁজে পাবে,
ভাবনা গুলো খুঁজে পাবে
তাদের সঠিক গন্তব্যস্থল,
আজকে নাহয় বন্ধু সেই পথেই চল-
শত দূর্ভাবনা পিছনে ফেলে
মনপাখি উড়ুক আজ ডানা মেলে।

হাতে হাত রেখো প্রিয়

জীবন তরি ভাসিয়ে দিয়েছি
সময়ের গাঙ বেয়ে,
আসবে অনেক ঝড়ঝাঁপটা
আসবে দুর্যোগ অনেক ধেয়ে..
ধৈর্যের মাস্তুলে আমি বাঁধি স্বপ্নের পাল,
আর দুর্যোগের উন্মাদ উদ্দাম স্রোতে
আমি ধরে আছি অফুরন্ত চেষ্টার হাল।
তুমি শুধু ভরসা টুকু দিও,
পাশে থেকো, হাতে হাত রেখো প্রিয়..।

যতটুকু নিয়ে ভালো থাকা

হৃদয়ের ইচ্ছের ফর্দে
লিখে রেখেছি শুধু
একমুঠো ভালোবাসা,
কিছুটা আবেগ আর
খানিকটা চাওয়া-পাওয়া।
মান-অভিমানের মত
অত বিলাসের নেই প্রয়োজন।
আমি শুধু ততটুকুই চাই
যতটুকু নিয়ে ভালো থাকা।

মন খারাপি শামিয়ানা

মন খারাপের শামিয়ানা
মেলে দিয়েছি মনপাড়াতে,
ঢাকতে মনখারাপি আঘাত গুলো
আর চাইনা দুঃখে জড়াতে।
মনখারাপি শামিয়ানা,
মেলে দিয়েছি হৃদয় পাড়াতে,
দুঃখের আর্দ্রতা শুকোয় যদি
মনভালো করা রোদ্দুর
আর ভালোবাসারই বাতাসে..।

গভীর রাত

তখন গভীর রাত,
আকাশে ছিলনা চাঁদ..
অন্ধকার ছেয়েছিল চাঁদের পাড়ায়,
তাই জ্বেলেছিল প্রদীপ হাজার তারায়।
আর বিরহে বেদনার্ত হৃদয়
অকারনে চেয়েছিল ভিজতে
ভালোবাসারই জ্যোৎস্নায়..

নিশুতি রাতে

নিশুতি রাত, আকাশেও নেই চাঁদ
আসছে ঝিঝির ডাক..।

বিনিদ্র মন, ক্লান্ত নিশি যাপন..

অশ্রু সজল নেত্র, প্রতীক্ষা প্রিয়তমার...

একা দ্বাদশীর চাঁদ

রাত নিঝুম, দু-চোখেও নেই ঘুম..
কাটছে প্রহর বিনিদ্রতার।

আকাশেও একা দ্বাদশীর চাঁদ,
ভেসে যায় সাদা মেঘের ভেলা।

মন পাখি একা ছটফটায়..

খুঁজব তোকেই

খুঁজব তোকে,
স্মৃতির পাতায় – আবেগ মাখানো অনুভূতির..
কৈশোরের সখ্য কিংবা তারুণ্যের প্রেমে..

খুঁজব তোকে,
বার বেলার অন্তরালে..
হৃদয় জুড়ে আছিস যে তুই।

খুঁজব তোকেই,
কোজাগরীর আল্পনায়, হোলির ফাগে..

খুঁজব তো তোকেই,
হৃদয় বীণার করুন রাগে..

বৃত্তচাপ

পরিপূর্ণতা লাভের
আশায় হৃদয়ের কেন্দ্রে তোমার
আঁকতে গিয়ে প্রেমের বৃত্তটা,
জানিনা সখি,
কী হয়েছে আমার ধৃষ্টতা..।
পেলাম সাজা,
হয়তো বা করেছি
কোন জনমে পাপ,
পরিপূর্ণতা পেলাম নাকো
রয়ে গেলাম,
হয়ে একটা অসম্পূর্ণ বৃত্তচাপ..।

রঙ মিলান্তি

বসন্তের অপেক্ষায় থাকতে থাকতে
শীতার্ত কোকিলের
কুহু স্বরে ডাকা হয়ে উঠল না আর...

রাঙা পলাশ-শিমূল আর হলুদ গাঁদার
সমারোহের আড়ালেই থেকে গেল
ফ্যাকাশে কিছু স্বাদ-আহ্লাদ;
দিবাস্বপ্নের বুঁদ বুঁদ হয়ে রয়ে গেল আজও...

বাদলা দিনে নাকি ময়ুর নেচে উঠে...???

ফাগের রকমারি রঙবাহার ধুলোতে মলিন।

কত যত্নের আঠায় জুড়ে জুড়ে গড়া
রঙিন ঘুরিটা দড়ি ছিড়ে আজ ভো- কাট্টা ..!!!

আর আমি রুবিক কিউব সমাধান করছি,
মিলছে না, কিছুতেই মিলতে চাইছে না ..!!!

ভুলে থাকবো তোকে

আজ আর জাগেনা অনুরাগ,
তোর জন্য আর ব্যাকুল হয়না এ মন।

ভাবনা গুলো হারিয়ে গেছে
দায়িত্বগুলোর ভিড়ে..
বর্তমানের দাবিটাই খুব জোড়ালো
অতীত স্মৃতিগুলো আসে না আর ফিরে।

কর্তব্যের মাঝে ব্যস্তমন,
কিছু করে দেখানোর তাগিদ
পেয়েছে সারাক্ষণ ,
আজ দেখছি –
দিন বদলের স্বপ্ন দু-চোখে।

নিষ্ঠুর সজনী,
এভাবেই ভুলে থাকবো তোকে..।

স্বপ্ন-ফেরি

হৃদয়ের দোটানায় নয়
নয়কো প্রয়োজন শুধু জৈবিক চাহিদার

তোমাতে খুঁজে পাই সুখের আভাস
যাপিত জীবনের।
স্বপ্নের বীজ বুনি প্রেম সিঞ্চনে...

ভুলে যেও না

আজ পরপর বিপর্যয়ের শত আঘাতে
বেসুরো বাজছে জীবনের কলতান,
অতীত স্মৃতির ঢাকনা খুলে
মনটা যে চায় ভাবনা ভুলে
করতে অট্টহাস।
কিন্তু চাহিদার ঘূর্ণাবর্তে ফিরে আসেনি
হারানো সেই গান..।
মনে হয় কোথাও বুঝি ছিঁড়ে গেছে তার
তাও আজ বেসুরো বাজে জীবনের সেতার..।
কিন্তু বন্ধু, ভুলে যেওনা -
স্নেহ মমতায়, প্রচেষ্টায় আর যত্নে
আসবে ফিরে জীবনের রঙ বাহার।

ভালো থাকার ভ্যাকসিন

মন খারাপি থার্মোমিটারে
যদি ওঠে বিষণ্ণতার পারদ,
প্রিয় মানুষটির ভালোবাসার
আইসব্যাগটি চাপিয়ে নিও মাথার ওপর,
আত্মবিশ্বাসের পেসমেকারে
বাড়িয়ে নিও মনের জোর..
ভালো থাকার ভ্যাকসিনটা
আছে রাখা, যত্ন-সহযোগিতার কিটব্যাগে
দূর হবে নিশ্চিত- এই রোগ-শোক,
আসবে নতুন ভোর, গান ধরবে প্রভাতি রাগে..

ওগো প্রিয়তমা

জানিনা কবে হবে
এই দীর্ঘ প্রতিক্ষার অবসান!

কবে আরো বেশি সান্নিধ্য পাবে
আমাদের দুজনার এই দুটি মন।

কতটাই বা সামলাবো নিজেকে..?
তোমার প্রত্যেকটা মুহূর্ত আমায় করে যে আকর্ষণ।

অসীম অপার নীলাকাশের মতো
তোমার ওই সুদীর্ঘ অবিন্যস্ত কেশরাশি
হাতছানি দিয়ে ডাকে যে আমায়।
তোমার ওই হরিণীর মতো চকিত চাহনি,
তোমার ওই কৃষ্ণ চোখের মায়াবিনী কাজল দেখে,
আর পারিনি সইতে, আমি হয়েছি পাগল।

পারিনি রাখতে ধরে,
হৃদয় আমার চলে গিয়েছে
আমি থেকে তুমিতে..
বিশ্বাস কর সাথী- অস্থির হয়েছি আমি,
তোমার ওই দুটি রাঙা ঠোঁট চুমিতে।

চরৈবেতি

কিছু কিছু চাপা ক্ষোভ
আর খানিকটা মান-অভিমান..
এসব অকিঞ্চিৎকর বস্তু গুলিকে
জিইয়ে রেখে কী লাভ!?

চলো না,
তারচেয়ে বরং আমরা
হাত ধরাধরি করে এগিয়ে চলি জীবন-পথ...

মন আকাশের শামিয়ানায়
জ্বলবে মিঠে প্রেমের জোনাক..
হৃদয় বীণায় উঠবে বেজে ইমন রাগ...।

www.ingramcontent.com/pod-product-compliance
Lightning Source LLC
LaVergne TN
LVHW101503200926
848483LV00001B/217

* 9 7 9 8 9 0 0 2 3 1 3 9 6 *